김 정 평 (정재) 드림

선생님 惠存

외로운 영혼의 불빛

김정평 시집

시와사람

자랑스러운 전남예술인상 수상 기념

외로운 영혼의 불빛

2025년 5월 10일 인쇄
2025년 5월 15일 발행

지은이 김정평

펴낸이 강경호 편집장 강나루 디자인 정찬애
펴낸곳 도서출판 시와사람
등록 1994년 6월 10일 제 05-01-0155호
주소 광주시 동구 양림로119번길 21-1(학동)
전화 (062)224-5319 E-mail jcapoet@hanmail.net

ISBN 978-89-5665-767-7 03810

*책값은 뒤표지에 있습니다.
*이 책은 전라남도, (재)전라남도문화재단의 후원을 받아 발간되었습니다.
*지은이와의 협의로 인지를 붙이지 않습니다.

이 도서의 국립중앙도서관 출판예정도서목록(CIP)은
서지정보유통지원시스템 홈페이지(http://seoji.nl.go.kr)와
국가자료종합목록 구축시스템(http://kolis-net.nl.go.kr)에서
이용하실 수 있습니다.

외로운 영혼의 불빛

■ 책머리에

세월이 흐르는 물과 같다, 돌아보니 살아 온 날이 찰나 같은데 이제 어디로 가야 하는가, 쇠약해진 심박음을 느끼며 저녁별 가물거린 황혼을 건너고 있다.

이제는 마지막 강을 건너기 위해 집착했던 눈길을 거둘 때가 되었음을 아프게 의식하며 모두가 부질없음을 깨닫는다.

예쁘지 않은 꽃이 없고 그립지 않은 추억이 없고 새들의 지저귀는 소리에도 끼어들고 싶으며 살랑거린 바람에 몸을 싣고 멀리 떠나고도 싶지만, 나의 육신은 짐짝처럼 무거워만 가고, 보는 것 듣는 것 모두 어두워지니 이 어찌 삶을 성찰하지 않을 수 있겠는가?

시를 순산하려 부단히 애를 쓰는 것은 아직도 나의 시에 대한 사랑과 이상이 남아있다는 증표이며 그 얄미운 시혼을 잡아 각혈咯血처럼 쏟아 놓는 것이다.

무디어진 의식 속에 숨어있는 시어들을 잡기 위해 부단히 애를 썼던 생애 일곱 번째 시집 「외로운 영혼의 불빛」을 조촐하게 남긴다.

전라남도 명예예술인 지정서 수상 장면

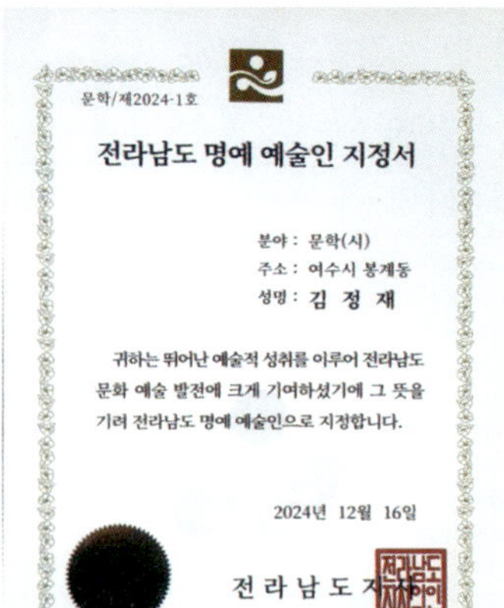

문학/제2024-1호

전라남도 명예 예술인 지정서

분야 : 문학(시)
주소 : 여수시 봉계동
성명 : 김 정 재

귀하는 뛰어난 예술적 성취를 이루어 전라남도 문화 예술 발전에 크게 기여하셨기에 그 뜻을 기려 전라남도 명예 예술인으로 지정합니다.

2024년 12월 16일

전 라 남 도 지 사

전라남도 명예예술인 지정서

전라남도 명예예술인 지정 패

자랑스런 전남예술인상 수상 장면

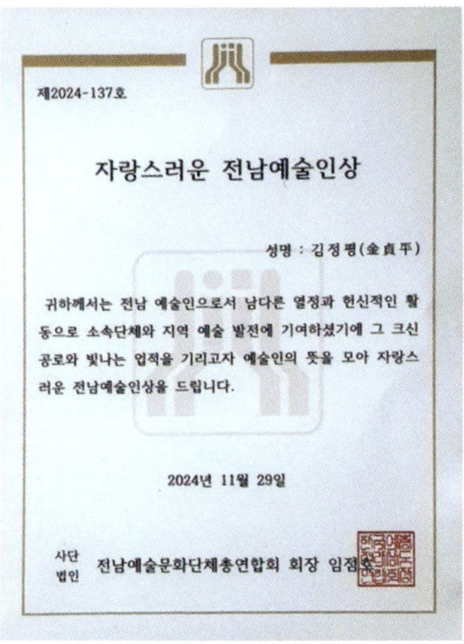

제2024-137호

자랑스러운 전남예술인상

성명 : 김정평(金貞平)

귀하께서는 전남 예술인으로서 남다른 열정과 헌신적인 활동으로 소속단체와 지역 예술 발전에 기여하셨기에 그 크신 공로와 빛나는 업적을 기리고자 예술인의 뜻을 모아 자랑스러운 전남예술인상을 드립니다.

2024년 11월 29일

사단법인 전남예술문화단체총연합회 회장 임점호

자랑스런 전남예술인상

자랑스런 전남예술인상 패

외로운 영혼의 불빛 / 차례

7　책머리에

제1부　자유로운 영혼의 꿈

21　살다 보면
22　섬 아이의 일기장
24　멧비둘기 날개를 털고
25　섬진강의 봄
26　저승꽃
27　바람이 님긴 흔적 1
28　바람이 남긴 흔적 2
29　바람이 남긴 흔적 3
30　거미줄
31　목젖에 걸린 그리운 그 맛
32　외로운 영혼의 불빛
33　미각의 어록
34　단상斷想
35　청 빛은 희망이다
36　혼불
37　여수 물녘의 삽화
38　귀천歸天을 위하여
39　생은 부질없고

제2부 사랑의 연리지

한라산 상고대 43

칠십 노인의 하루 44

찬라의 변變 45

간출암干出巖 46

흐르다 47

까치의 설법說法 48

사랑의 연리지 49

금산 적벽강 50

목련에 어린 얼굴 51

청실홍실 타월집 52

가을 예찬 53

대둔산 가을 54

출항허가서 55

변절기의 삽화 1 56

변절기의 삽화 2 57

경배하는 신앙 1 58

경배하는 신앙 2 59

제3부 샛강으로 갑시다

63 공룡의 포효를 생각한다
64 늙은 시맨sea man의 고백
65 개미의 집념
66 예술가지 꽃 피다
67 동인지同人誌
68 해양수산과학관
69 구름은
70 노루귀꽃
71 시詩와 동행 하며
72 청춘 향기
73 내시경검사
74 샛강으로 갑시다 1
75 샛강으로 갑시다 2
76 산중山中 희망가
77 두더쥐 삶
78 자유를 사유하기 위하여
79 지문

제4부 그곳에 꽃이 있다기에

모종을 내며 83
하늘 문 두드리는 은적사 향불 84
바다와 소년 85
사랑을 훔치는 도둑 86
그리움의 노래 87
바람벽의 추억 88
용산역에서 89
요양병원에서 90
길 91
쉬었다 가야지 92
화분 갈이 93
고독 94
그 시절 다시 살아서 95
몽상夢想 96
어떤 대화 97
떠나는 나의 신앙 98
향나무 노목 99

제5부 도동항 비린내

103 달력을 떼며
104 도동항 비린내
106 백암산 기행 1
107 백암산 기행 2
108 물안개
109 삶이란
110 자연이 스승이다
111 두 포구의 비밀
112 비망록
114 함성
115 보낼 수 없어
116 석별 그 후
117 현충원에 핀 꽃
118 삶의 흔적
120 유성별에 쓴 그리움의 노래
121 내 살다 가거든
122 부질없다 인생아

123 에필로그

외로운 영혼의 불빛

제1부

자유로운 영혼의 꿈

서쪽 하늘에 조각달이 진다.
착시라 하더라도 달이 지고 있다는 사실만은 확실하다.
윤회의 길을 따라와 여기 한 세월 거뜬히 넘는 동안
온 힘을 다해 시심의 허리를 붙들어 필사해 놓고
후회 없이 돌아가는 길 참 홀가분하다.

살다 보면

풀꽃 다투어 피는 시냇가 언덕
꽃봉오리 흔들어 향을 줍던 바람이
한가로운 하오下午를 느리게 걷어내고 있다
까마귀 소리 농익은 열매처럼 터지고
칡넝쿨 어우러진 언덕 풀숲 휘저으며
쑥부쟁이 보랏빛 시간이 능선을 넘는다

익고 있는 가을 발그레한 산자락에
동갑내기 주검이 편안히 누웠더라고
고향 소식 전해온 친구의 안부가
바람의 잔등 위로 촉촉이 젖어왔다.

아파트 벽에 부딪히며 달려 온
잘 익은 홍시처럼 물든 노을 한 자락
사내 등짝에 또 하루를 얹어 놓는
때 이른 낙화 같은 그런 날도 있습디다.

섬 아이의 일기장

둔덕 위 억새는 바람에 깃털 빼앗기고
귓불 붉어진 초병으로 파고를 전송 중이다.
속내까지 다 아는 바다가 물러나면
아이는 말미잘의 속살을 간질이고
몽돌 밑 게들의 발자국을 따라가다
바위에 붙은 김과 파래 번들거린 윤기를 보고
행여 바닷물로 맛사지를 한다면
윤기 나는 예쁜 엄마 얼굴이 될 거라고
유리병에 바닷물 가득 담아 집으로 간다.
엄마 아빠는 늘 바다 곁을 지키며
무거운 몸을 싣고 바다로 가고
아이는 물병 곁에 잠이 들었다.

바다가 불러준 노래를 듣고 자라서
바다가 키워준 아이는 학교로 가고
살찌게 담아준 바다 맛 어머니 도시락은
타박타박 걸을 때마다 등에서 파도 소리가 났다

아이는 바다를 원색대로 스크랩을 하고
스냅사진을 가슴에 걸어둔 채 어른이 될 것이다

부모도 바다도 늙은 고향 바다에서
인생을 살찌우는 푸른 바다를 키우며
삐틀삐틀 써 내린 오늘의 일기장엔
바다를 빨던 그리운 젖내가 배어 나올 것이다.

멧비둘기 날개를 털고

살 오른 봄의 골짜기에
수런수런 개나리가 핍니다.
어딘가 숨어있던 겨울의 비늘들
창백해진 하얀 동백과
그림자처럼 겨울을 끌고 온 흔적들이
봄의 입김에 사락사락 지워지고 있습니다.

여우비로 온 봄비는 새벽을 밟고
수줍은 봄을 틀어 주고 갔습니다.

운전 거리라야
노인당 옆 파밭이 전부인데
아이 몇 키우고 난 유모차는
넘치도록 봄을 싣다 보니
바퀴 바람 빠진 줄도 모르고
봄을 만장처럼 걸쳐 입은 노인은
굽은 허리 얹고 봄 따라나섭니다.

섬진강의 봄

섬진강 매화 밭 휘도는 여린 향을
바람이 실어와 하동 읍내를 촉촉이 적시고
악양면 앞산이 연초록으로 젖어오면
버들가지는 조롱조롱 풀 눈을 터뜨린다.
광양 제철소가 내뿜는 뜨거운 입김으로
다압면 뒷산 홍매화는 더욱 붉어
섬진강의 봄은 비만으로 뒤뚱거린다.

짝 찾아 길을 물어 강심을 저어 오는
혼기 꽉 찬 오리 한 마리
카누처럼 조붓한 물살을 끌고
평온이 흘러간 강심 침묵의 시간을 건넌다.

다압면 매화 향에 취하고 싶어
연년이 찾아드는 객들의 감탄 소리 모아
경전선 열차에 택배로 보내고 나면
쌍계사 앞 조잘대는 시냇물의 봄노래
화개장터 조영남의 기타 줄에 감기어 울고
섬진강 봄풀이 휘적이는 강 녘
재첩 잡는 어매 밭은 숨소리 애달파
빈 마음에 하동 솔바람 소리로 들어찬다.

저승꽃

눈雪 실은 바람이 창문을 흔드는 아침
얼굴 씻고 거울 앞에 서니
오늘따라 선명한 저승꽃이 밟힌다
봄날 벚꽃 지고 헐벗은 꽃자리 같은

꽃이 핀다는 건 결실을 유추하는 것
열매가 영글면 스스로 조락하는 것
얼굴에 핀 꽃을 보니
떨어질 날이 머지않았음을 생각한다

바람결에 흩날리던 통속한 시심詩心이 익어
가만히 못다 한 언어로 새살대다
이토록 부질없는 삶의 꽃으로 피였을까

어찌 태우며 갈 것인가 회한의 심지 같은
밉지도 곱지도 않은 이 꽃을.

바람이 남긴 흔적 1

산책길 편안히 잠든 청설모를 보았네
일생을 달려왔던 바람 소리가 들리네
사랑을 쟁취하며 정적을 물리치던 발톱과
지축을 흔들던 천둥에 소스라치던 공포
귓가를 포근히 적시던 새들의 울음소리도
검은 털 올올이 바람으로 털어내고 있었네.

굳은 저 발로 잣나무를 타던 잽싼 소리와
가지마다 구름 가듯 건너뛰던 삶의 소리 하며
족제비 올빼미에게 생명을 지키느라
가장 낮은 자리에서 떨던 삶의 소리가
편안히 잠든 몸 위로 등 굽은 시간들이 스치네.
아, 분연히 삶을 쫓던 생의 뒤안길에서
그 길을 회억하며 멈춰버린 가여운 생
이렇게 주검이란 한 자락 바람일 뿐이네.

바람이 남긴 흔적 2

깡촌에서 생겨난 번지 없는 회오리
분연히 휘돌던 난 외론 바람이었습니다
봄여름 가을 겨울 그리고 봄
끄떡도 하지 않는 왕버들 허리를 흔들다
휘청이며 돌아가던 바람이였습니다

세월은 쉼 없이 내달리고
가시덤불 휘젓다 돌아오던 뒤안길에는
언제나 석양에 젖은 잿빛 하늘이었습니다

끝없는 길을 달리며 우우 울던 그날도
엄습해 오는 육중한 절망과 동행이었고
어디쯤 왔는지 알 수 없던 그 길이
잰걸음으로 달려 온 남루한 세월이었습니다.

바람이 남긴 흔적 3

꿈 많던 젊은 날
움츠린 어깨 활짝 펴고
죽도록 사랑하며
든든하게 배부르며
걱정 근심 없이 살고 싶었다

살아보니 인생 그게 아니더라

계절을 발로 차고
흔적 없이 사라져 간 몹쓸 세월도
한 자락 허무한 바람이더라.

거미줄

인적 끊긴 폐가廢家 뒤란 추녀 끝
살을 발라 올올이 실을 뽑고
구름인 듯 허공인 듯 욕망의 덫을 놓아
폐가에 내려앉은 뭇별을 가두고
영롱한 이슬까지 받아내는
알토란 농장을 경영하는 거미가 있다.

살랑대는 바람의 농간에도
오직 두터운 침묵의 탈을 쓰고
기다림의 미학을 실천하며 끝내
정찬正餐을 낚아내는 지혜의 신령神靈
하나의 생명체가 지향하는 생존 묘략妙略
미물의 냉철한 기생을 보며
삶을 성찰하는 성숙한 의식을 깨운다.

목젖에 걸린 그리운 그 맛

고향처럼 정든 그 어촌 섣달그믐께
북서풍이 백파를 날리는 여덟무날 오후
냉기는 창을 꽂듯 서슬 푸른데
늦은 저녁쯤 몽어*란 놈들이
항구 동방파제 앞에 진을 치는 것이다
후릿그물에 올라온 놈들은
아스라한 그때 그놈들이 틀림없었다.

기억마저 희미한 어느 겨울
바다에서 돌아오신 아버지는
패딩 속 몽어 한 묶음을 풀어놓으셨다
텅 빈 뱃속 허기가 개구리울음으로 울 때
된장 바른 몽어는 식도 따라 신작로를 타던
그 비릿하고 달콤했던 고향의 맛을 지금
정도 잊고 그리움도 말라버린 선창에 앉아
우적우적 막걸리에 타 옛 고향을 씹는다.

*몽어 : 숭어의 치어

외로운 영혼의 불빛

물새들이 안부를 묻는 섬 안에서
외로운 영혼이 그리움의 등대를 켠다
태초부터 마음에 두지 말아야 할
심중에 꼭 하고 싶었던 말 한마디
목젖 아래 꼭꼭 쟁여 놓은 채
기어이 사색의 묵시록만 필사하고 있다

진한 고독으로 덧씌워진 그 인연
내가 끊었다고 끊어질 것인가
끊어졌다고 바람처럼 가벼워 지는 것인가
하루치 외로움을 앓고 난 섬 언덕
언약으로 맺은 형광빛 언어들을
발광신호만 각혈처럼 토해내고 있다
묵시록에 새겨둔 아픔들이 섧고
긴 세월 기대어 왔던 뼈마디가 시리다.

미각의 어록

주꾸미는 조개 맛살이나 갑각류 식감을 찾아
저질이 거친 모래나 몽돌밭을 어슬렁거린다.
해마다 늦은 봄철이면 오동도 동쪽
외적의 겁탈을 피해 꽃잎처럼 몸을 던졌다는
어부 아내의 정절이 동백으로 피는 절벽 아래
가사리* 성성한 용굴 끝 물살이 꼬리 치는 언덕은
열정으로 남긴 이팝꽃 알들이 자라나는 자궁이다

여수의 일등 먹이 사냥꾼 상괭이 떼들은
하멜등대 옆 낭만포차에 파시를 이루고
찰진 술맛을 차려낸 포차 곁에 자리를 깐다
맛을 느꼈다면 누구나 기억 속에 살아있는
비틀거린 술잔과 동행하는 미각의 어록
취기로 몸이 붉어진 용치놀래기들은
석기시대 빗살무늬 토기 물살을 가슴에 담고
찰진 주꾸미 머리 한 점으로 막잔을 꺾는다.

*가사리 : 우뭇가사리 과에 속한 바닷말

단상斷想

언제나 아침은 나를 깨우고 습관처럼
대문을 나서며 하늘을 본다.
맨발의 새벽이 머물다 간 대지에는
상쾌한 아침 공기로 가득하다.

걸을 수 있는 날까지의 강건을 생각하고
낡아가는 늑골을 손질하여도
부질없이 스쳐 가는 애달픈 세월에
해맑던 의식마저 비틀거린다.

새로운 하루를 열 때마다
새가 날개를 펴 하늘을 나는 연습처럼
희망의 남은 날을 향해 퍼덕이는 것이다.
눈물겹도록 애련해 가는 일상이다.

청 빛은 희망이다

수평선을 차고 오른 햇살이
아침이슬 속을 투광할 때의 영롱함
사랑을 속삭이다 손을 놓고 돌아선
샴푸 향 고운 여자의 수줍은 미소
청명절 뒷산 비탈밭 맨발의 새벽이
돋아난 새싹 어루만질 때의 싱그러움
손주 녀석 오물거린 입술 사이로
앙증스레 반짝이는 앞 이 두 개
봄날 어미 닭 뒤를 따라가는 병아리의 솜털
파란 물감이 뚝뚝 지는 오월의 산
산자락 휘감고 돌아가는 산들바람
얼마나 아름다운 푸르름의 향기인가.
청 빛 그것은 분명 우리들의 희망이다.

혼불

인생이라는 멀고 거센 파도를 넘으며
운명처럼 다가온 나의 시와
오랜 지기처럼 보듬어 안고 뒹굴며
보람으로 채우던 세월이 있었습니다.

아, 그것은 분명 몽유병자의 혼불
이제야 혼불의 진위를 알 것 같습니다.
지금 이대로 미친 듯 허둥대며
회오리로 한동안 쓸어 대다
실없는 감성만 남기고 간 허무한 바람
혼불처럼 타다 사라진 비틀거린 넋입니다.

여수 물녘*의 삽화

예리한 이빨로 모든 걸 아작 낸 갯장어는
보리 익은 사오월이면 틀림없이
횟집 수족관에 미끈하게 빠진 몸매를 자랑한다.
이즈음 여수의 비린내를 맡고 찾아든 수달들이
회집 수족관 근처를 어슬렁거릴 때다.

수평선에 뒤척이던 파도가 번지를 잃고
귀항하는 바람과 하멜등대 불빛에 휘감겨
어둠의 등뼈를 발라 난간에 걸어두고
황홀한 불빛에 젖던 그날의 흔적들을
가슴 깊이 새겨도 좋을 여수 물녘.

여수항에 추적추적 어둠이 젖어오면
여우 떼는 붉고 푸른 눈*으로 항구를 배회하며
온 밤을 태우다 아침이 오면
바다새 목을 따 허기를 채우고
입가에 붉은 핏자국을 수평선에 쓰윽 닦고는
자산 굴속으로 몸을 숨긴다는 소문을 들었다.

*물녘 : 바다, 못, 강 따위의 가장자리
*붉고 푸른눈의 여우 떼 : 여수 항 야경을 유추하다

귀천歸天을 위하여

어릴 적 연필로 썼던 잘못된 문장들을
토막난 지우개로 박박 지워내듯
살아온 날의 아픔들을 흔적 없이 지우고 싶다

잔인하게 꿈틀거린 실연의 아픔과
군에 간 아들 주검의 뚜껑을 닫고 나서
하늘의 무심한 가슴만 미친 듯 두들기며
살아있음을 저주하던 몸서리 치던 그날 이후
심장에 쇠못을 박던 아내의 설운 울음소리와
깨어진 창문 틈으로 스며들던 얼어 터진 밤들
돌처럼 무거운 발길로 아버지의 무덤을 짓던
저 허물어진 순간들을 등에 얹고 비틀거렸다
그때 그 절망의 눈물로 인생을 필사하던
몹쓸 환영마저 이제는 모두를 지우고 싶다
가벼이 흩날릴 새털 같은 귀천을 위하여.

생은 부질없고

해변에 서니 들려오는 물새 울음이 섧다
악보 없는 노래를 열창하는 바다새는
허리 휘도록 생을 줍다 지치면 저토록
옛 둥지 어매 그리워 목이 터져라 부르는가
기력이 소진되면 간간이 수평을 향해
몽매에도 그리운 형제를 부르며
설픈 탄식 파도 위에 띄우는가
산다는 건 진정 부질없는 빈수레 뿐인가

가난 없고 눈물 없고 슬픔도 그리움도
미워하지 않으며 영원히 사랑하며
거짓 없고 시기하지 않는
아, 그런 세상은 진정 없는가 "소크라테스"
이토록 상처투성이 세상에
진정한 참 진리 마저 설파하지 않은 채
「너 자신을 알라」는 말 한마디 남기고
독배를 들었던 당신의 진실은 무엇인가.

제2부

사랑의 연리지

행여 또 다른 세상을 만난다면
아름다운 사람들과 손을 맞잡고
어두운 삶을 깁는 영혼들이 행복하게 살아가는
그런 세상을 꼭 한 번 만들고 싶다.

한라산 상고대

자연이 피워낸 화려한 순백의 꽃
그 신비로
산이 된 사람들은 함께 상고대가 되고
사방으로 감탄의 얼음꽃 소식을 전송한다

자연이 일상을 멈춰버린 돌연변이의 수정체
시월 한라산 상고대는 의붓어미 미소 같다
찾아든 산정의 냉기에 산 노루의 밤은 얼고
은빛 날개를 활짝 펴
그대 서걱이는 바람의 목쉰 노래로 휘돌다
깊이마저 가늠할 수 없는 아득한 고요의
냉혹한 엄동 저 깊은 골 사색에 들겠네.

칠십 노인의 하루

하늘 향해 쌓아 올린 키 큰 아파트
성냥갑 같은 나의 방과 거실을 서성이다
다시 돌아와 앉은 창문 옆 등나무 의자
표정 없이 줄만 타는 광대의 삶
형벌처럼 길 없는 길을 내며 하루를 간다

푸르던 날 빠듯했던 그날을 성찰하고
기억에 남은 색깔이 뚜렷한 몇을 꺼내어
두텁게 내린 먼지를 털어 본다.

커피잔에 식상한 뉴스토막을 휘저어
비릿한 열대어의 밥처럼 주어 삼킨다
병풍 같은 산빛을 쓸다가
촛불 타듯 느린 하루를 소진하고 나면
게으른 구름처럼 칠십 대의 하루가 간다.

찬라의 변變

밤은 암흑의 나래 대지를 적셔올 즈음
기사는 액셀을 밟은 신경 줄이 멎는다
천둥이 치고 섬광이 어둠을 찢는다
조각조각 부서져 뒹굴어 버린 차체
비명도 없이 생을 잘라버린 찰나의 변
어수선한 광란의 시간이 눈을 뜰 때쯤
주검은
길가 보도블록 곁에 가만히 몸을 누인다.

이것이 한 인간의 일생을 적어 내린
짧은 한 소절의 단편소설 끝의 마침표
도로 곁 한 됫박 소복이 내린 저녁별이
찢겨져 식어버린 체온을 데우고 있다.
익어 떨어지는 것과
아직 익을 날이 남은 들숨과 날숨의 여백
휘청거린 바람이 달려와
결과 결 사이를 휘젓다 가버린 찰나의 변.

간출암*干出巖

연안 물목을 지키는 침묵의 악성 종석이다
바다의 품 안 은둔의 실눈을 뜬 무딘 돌칼
항로를 잃어 더듬거린 선체의 갈기를 찢어
끝내 좌초坐礁시키는 음흉한 괴석怪石이다

쉼 없이 일렁이는 비릿한 갯물이 밀쳐 와도
방파제의 테트라포드처럼 정좌를 고집할 뿐
결코 참회하며 변론의 기회마저 오지 않았다

푸른 등본에 각인된 통한의 부동을 저주하며
하늬바람 탱탱한 돛폭 닮은 낮달이 기울 무렵
알듯 말 듯 한 이름을 지우듯
간출암 삼킨 파도 하염없이 부서지고 있었다.

*간출암(干出巖, 초 또는 여) : 밀물에 잠기고 썰물에 드러나는 수중암초.
*테트라포드: 파도나 해일을 막기 위해 방파제에 사용하는 콘크리트 블록이다.

흐르다

자리를 이탈하여 형태가 변하는 것
위에서 아래로 넘쳐 떨어지는 현상
이것이 흐르다 의 원형이라면
이 세상 흐르지 않은 게 뭐가 있을까

청춘이 이울어 늙음에 닿고
세월이 흐르고 계절도 흐르고
꿈처럼 은하 강도 끝없이 흐르니
이 모두가 흘러가는 것들의 군상이다.

광활한 수로가 폭포로 흐르고
기러기 떼 하늘길 따라 창공을 흐르고
불같은 사랑도 추억 속으로 흘러간다.

까치의 설법說法

뒷산 고즈넉한 산사의 뜰
무절제하게 살아가는 현대인의 공해로
오염되어 간 세속이 싫어
흑백 가사 차려입은 까치가
경내를 기웃대는 전신주에 앉아
침이 마르도록 설법하는 걸 보고
경청하신 부처님 엷은 미소를 지으신다.

세상은 눈물겹고 삶은 고달파도
조금만 더 성찰하고 자비로워진다면
누리엔 평화의 꽃이 가득 필 거라고
해탈의 소리로 법문을 설파 중이다.

사랑의 연리지

푸르름이 일렁이는 여수 미평 숲은
신의 축복으로 만난 사막의 오아시스다
삼복 열기에 생기를 잃고
기력이 소진된 사람들이
한바다 같은 청량한 숲을 찾아
긴 여름을 휘적휘적 건너가는 곳

봉화산이 내려와 호수 깊이 잠기고
산새 소리 농익은 열매처럼 터진다
숲은 호반의 정갈한 풀장이 되어 일렁이고
사람들은 숲의 물결을 타며 유영 중이다

매미울음 왱왱 한낮을 걷어내고
편백 향이 지친 몸에 영양 수액을 꽂는
보배로운 산이여 나무여 미평숲이여
우리는 공생하는 사랑의 연리지다.

금산 적벽강*

충남 금산군 부리면 방우리
병풍처럼 펼쳐진 붉은 석벽 아래
유유히 흘러가는 젖줄 같은 강이 있다.

봄날 아침 해가 뜨면 수줍은 봄꽃들이
여름엔 근육질의 푸른 소나무 들어차고
가을이면 애기단풍 강심 위에 타며
겨울엔 설화雪花 피어 실물결에 떠가니
사철 필름처럼 절경 안고 흐르는 강

노을 실은 사공들은 뗏목을 저으며
비단 폭 수놓은 갱지更紙위 윤슬을 미네
절경에 취한 객들 돌아갈 줄 모르고
바람도 잠든 적벽촌에 그만 마음을 누인다.
시인 묵객의 천 필 야화 어우러지는 곳
충남 금산 빼어난 절경 적벽강이 흐르네.

* 적벽강 : 충남 금산군 부리면을 흐르는 강. 금강 옆 수직의 층암절벽이 장관이다. 30m의 바위 절벽과 그 앞을 흐르는 금강을 적벽강이라 부른다.

목련에 어린 얼굴

흉년을 넘던 뜨락에는 송기며 물곳 칡뿌리
산나물들이 다투어 부엌 안을 기웃거렸다
냉수로 채우는 당신의 허기보다 먼저
십여 식솔 끼니 걱정에 바빴던 일상
지켜야 했던 것들이 있어 살아낸 날들
비탈진 인생길만 오르시다 가신 어머니

먹거리 찾아 들로 산으로 헤매시던 청춘은
짝을 찾는 산 꿩의 울음소리에
타버린 앙가슴을 달래시던 울 어매
그리운 그 얼굴 목련 위에 어린다

봄의 표정은 다투어 짙어 가고
바람 휘적이는 무덤가 할미꽃만 벙글 뿐
보고파도 어이해 꿈에라도 오지 않네
다시는 만날 수 없는 부질없는 그리움이여
눈에 어린 그 얼굴 안개 지듯 스치고 말아
마음 한편 대롱거린 것들이 이슬로 맺힌다.

청실홍실 타월집

하루에도 수 많은 차들이
전국에 흩어져 사는 여수를 실어 오고
파란 물색 일렁이는 여수 사람들
썰물처럼 떠나가는 버스터미널 앞
언제 내걸었는지 알 수 없는
타올 가게 청실홍실 간판이 있다.

「꼭 정성을 짜고 감동을 새겨불라요」
전라도 된장 뚝배기 맛 물씬 나고
우리 어매 젖내나는 앙가슴 같은
정겨움이 훙건한 간판을 걸어놓고 있다

이 타월 상회에는 기린처럼 긴 사장과
사장을 받쳐 주는 키 작은 각씨가
오늘도 변함없이 색색의 타월을 깁고
신랑 각씨 마음섞어 사랑을 짜고 있다.

가을 예찬

곱게 익은 가을이 번지고 있습니다.
누구나 사는 것이 가을이고자 하고
충만으로 넘치고 싶어 안달입니다

닿는 자리마다 감탄으로 혼절하는
신의 축복으로 온 소중한 계절입니다
호젓한 골짜기 마른 솔잎 날고
기억을 넘나든 초록의 말씀을 새기며
삼복 지절를 걷어낸 경배의 가을이
국화 향 안고 공원길에도 수북합니다

질척거린 아픈 세월의 상흔을 꿰매며
알밤 빠지는 소리에 가을이 익어갑니다.

대둔산* 가을

명산은 역시 사람의 물결로 넘치더군.
수직으로 치솟는 케이블카에 올라
허공 중에 둥둥 뜬 영 넘어 구름을 탔지
만산홍엽 가을 바다를 가르고
절벽 같은 산줄기를 새가 되어 날았어
발아랜 산길 더듬는 등산객들
불로초 찾는 심마니 되어
방게처럼 산자락을 뒤지고 있었지

팔 부 능선쯤 숨찬 케이블카가 멈추니
원근 산자락이 석양에 익은 물결 같았어
오르고 보니 산도 곱고 사람도 곱고
하늘도 땅도 나도 곱고 너도 붉어
때마침 가을이 한창 맛깔나게 익고 있더군
지금 대둔산은 불길로 활활 타는 중이야.

* 대둔산 : 전북 운주면과 충남 논산시 벌곡면 및 금산군 진산면에 걸쳐 있는 산.

출항허가서

에이전트가 건네준 노랑 봉투 속에는
언제 돌변할지 모르는 바다분석 편람과
바람의 맥박을 짚는 운지법 등이 필사되어왔다
스탠바이를 거는 선장의 가슴에 격랑이 인다
평원을 나서는 철마의 발굽소리 높아가고
부두를 동여맨 메인라인이 풀리면
항해사는 항로를 적은 해도를 펼친다
바리톤의 뱃고동은 벌써 항구를 깨우고
산문 입구를 돌아든 고승처럼 길을 연다.

길눈의 레이다와 나침판의 신경 줄따라
습관처럼 고도의 항해술이 작동 된다
조타실 창문으로 달려든 간기 젖은 바람에도
절여지지 않는 푸성귀 같은 향수를 다독이며
주름진 어머님 얼굴이 선교유리문에 서성거린다
어둠의 길을 따라 눈을 부릅뜬 레이더 창이
끝없는 난바다 유랑의 길을 찾아간다.

변절기의 삽화 1

허물 벗은 물뱀같이
알몸으로 유영하던 여름날의 광란
물빛 메모지에 꿈을 적어 내리며
송글거린 땀을 닦던 그 여름날의 회후

파도는 하얗게 부서지고
뭇별들 소나기처럼 쏟아지던 해변
음악은 천둥 치듯 밤을 부수고
영 시의 고요마저 찢어놓는 광란의 밤
흔들리지 않는 건 현실의 부정일 뿐
밤으로의 항진은 멈출 수 없었다

여름밤의 파도는 푸른 눈으로 철석이고
밤이 깊도록 만끽하던 광란의 푸른 날들이
어제같이 다가와 메마른 가슴을 흔들고.

변절기의 삽화 2

높은 하늘이 청정한 이유가 무얼까
가을바람 부채질 덕이 분명 하네요
열기 달아오른 지옥 같은 계절을
신神인들 영영 두기만 하겠어요.

소나기 멈춘 하늘이 밤으로 찾아들면
한 됫박 별 무리 장독 위에 쏟아져
장독 위 고인 물위에 별꽃이 피어나죠

지금은 가을로 가는 싱그러운 변절기
칸나는 늘어진 잎을 슬픈 목덜미에 감고
가을이 지나는 길목 누구를 기다리나요.

경배하는 신앙 1

반세기 핏줄처럼 뻗어 내린 팽나무 뿌리
늙은 뿌리쯤에 악착의 숨소리 들리고
젊은 날 얼굴 비비던 아련한 벗을 부르고
삶의 아픈 언덕을 오르기도 하며
기쁨과 슬픔의 굴레를 행돌아 여기 섰다.

나의 사상 저 깊은 곳에 둥지를 튼
문학이라는 틀 속에 숨 쉬는 서가書家
인생을 꺼내 읽고 스치는 신앙을 직조하다
머릿속을 맴돌던 선택된 시어詩語를 골라
경전이 불허한 비틀거린 문장을 바로 새워
경배하는 신앙의 조붓한 길을 동행했다.

경배하는 신앙 2

사상 무장도 없이 어설픈 문학에의 입문
시심을 잉태하며 순산을 거듭했던 그날들
십 년이 세 번 고개를 넘어온 지금도
높아만 보이는 장벽 같은 순산의 길은
아직도 나를 주눅 들게 하고
작아만 지는 나를 향해 채찍을 휘두르며
몇 번이고 희비의 굴레를 넘나들었다

된비알을 넘어 올 때 남겨둔 번지 잃은 시어는
툇마루를 데우던 한 됫박 소복한 별이 되고
익어가는 것과 돌아가는 것에 대한 상념들은
공허의 시간을 지나 아롱아롱 하늘로 갔다.

돌아갈 수 없는 이만큼의 거리에서
시의 창살 경계 없는 경계에 가두어진 나는
철칙 같은 굴레에 무릎 꿇고
뜬눈으로 지켜보는 낮달에게 고백하고 만다.

제3부

샛강으로 갑시다

원대한 꿈을 향해 흐르다
언뜻 두물머리에서 낯선 체온을 만나면서
드디어 우리는 하나임을 알게 됩니다.
꿈이 있다는 것은 파란 희망이 있다는 것을
함께 흐르는 샛강에서 주워 들었습니다.

공룡의 포효를 생각한다

- 코로나 예방접종

환난을 거부한 필사의 담금질 같은
바이러스 침투훈련용 침을 꽂고 나니
팔과 다리 온몸이 천근처럼 무거워 온다

백악기의 공룡들 모조리
삶을 버리고 지구에서 사라져 갈 때
마지막 비명을 토악질하며 남긴
그날의 묵시록엔
어떤 통한의 언어들이 필사되어 있을까

지구에는 시방
제2의 백악기가 도래하며
사라져 버린 헤비급 공룡의 망령이 살아나
그때 마지막 포효하던 단말마가
간호사가 꽂는 주사침 끝에서
우렁우렁 들려오고 있는 것이다.

늙은 시맨sea man의 고백

용골이 휘어 출항을 잃어버린 폐선 같은
늙은 시맨을 만난 것은, 모래톱에서
부서진 젊음의 조각들을 줍고 있을 때였다
통 크게 붙던 민낯 위의 한 판 승부는
결코 남는 장사가 아니었다며
패각*이 된 낡은 이야길 내 놓는 얼굴이
시든 동백 색으로 점점 상기되어 갔다
파닥인 상어 이빨에 젊음을 뜯기던
소쩍새 둥지가 그리웠던 그날이 가슴을 찢는다고

이슬도 말라버린 척박한 적도의 밤을 되새기며
얼기설기 붙잡아 맨 찢긴 인생의 남루도 잊은 채
갯가 언덕에 바다를 전시하며 황혼을 간다고

젊음을 앗아간 바다와 겨루던 그날을 생각하며
펼쳐진 청매실의 물빛을 섬세하게 적으며
가마우지 날개 터는 섬으로 앉아
아직도 숨죽여 일렁이던 적도의 밤을
터벅터벅 걸어가고 있는 늙은 시맨의 고백,

*싸치 : 돌고래의 일종으로 참치조업을 훼방 놓는 흑 범고래
*패각 : 홀씨 또는 물고기 새끼가 붙을 수 있게 한 조개껍데기

개미의 집념

오직 경전의 말씀을 실천하며
일용할 양식을 끌며 길을 여는 개미
한 줄기 개시 같은 관념의 손짓으로
생사의 분간도 절망도 잊은 채
오직 충직한 노예의 삶을 깁고 있다.

팽팽한 긴장의 물살에 휘감겨도
굽힐 줄 모르는 집념의 의지여
온몸에 뻗친 마력의 근육질이여
식食이라는 명제 하나에
먼 화엄 세상을 건너는 숭고한 종교여

눈이 아리도록 장서의 경전을 묵독한다.
현묘*한 천리天理 자연의 생명 적 소리가
여름 한낮 지평을 흥건히 적셔내고 있다.

*현묘 : 헤아릴 수 없이 미묘하다.

예술가지 꽃 피다

뜬눈으로 지켜보는 낮달이 알겠는가
이 아픔 말 없는 푸른 솔이나 알겠는가
지난날 꿈길인 양 넘던 이 길의 끝
도지사는 명예 예술상을 들고 찾아왔다

길 없는 길을 내며 내달리던 삼십 개 성상
계곡을 건너온 아침 햇살이 드디어 걷어내고
익어가는 것과 돌아가는 의미를 생각하게 했다

심장을 다시 뛰게 하는 칭송의 말씀에
달콤한 인생의 참맛을 느끼게 하는 날
절름거린 시절을 걸어놓고 기도로 채우던 길
오늘의 영광은 영원히 지워지지 않을 것이다.

동인지同人誌

반갑게 찾아온 동인지 한 권을 펼치고
차려진 모둠회의 식감을 씹는다
아직 땀방울이 마르지 않는 명징한 노래는
나의 잠자는 야심을 깨우고
창의의 밭에 뿌려 감탄으로 키워 놓은
풍성한 수확의 기쁨을 탐닉해 본다.

해양수산과학관*

명쾌한 자유의 매력을 망각해 버린
규격화된 인큐베이터 속
무너지지 않은 생의 기척을 살핀다

바다의 요람 속 수만리 해류를 썰다
사지를 묶인 채 옥중의 필서筆書를 적고 가는
어디선가 본 듯한 이 진귀한 생명의 끈
스스로 돌아갈 수 없는 형제섬의 물녘을
꿈으로 환생 중인 저 말라가는 한 방울의 피,

바다는 콜록거리고 단종斷種의 어류가 늘어만 가도
인류의 우둔한 지각은 끝내 살아나지 못하는가
몽돌 위에 밀려온 바다를 사살하는 폐물들이
뼈만 앙상한 사체처럼 구르고 있다
스산한 그림자 따라 과학관 창문 너머로
하루를 건너온 붉은 노을이 쉽게 탄다.

*해양수산과학관 : 여수시 돌산읍 평사리에 있는 도립 해양수산과학관 치어 및 성어. 희귀종어류, 박제된 어·패류 등이 전시되어 있다.

구름은

무한의 자유를 지향한다
덧없이 가는 세월이다
흩날리는 만장
변심하고 떠난 사랑이며
목적 없는 방황이다
사라져 간 임의 환영이며
약주 거나한
골목길 더듬는 노인의 발길이다
온몸으로 쓴 애련한 한 소절의 시다.

노루귀꽃*

동면이 끝난 뒤 감긴 눈꺼풀이 열리고
한겨울이 살며시 자리를 비껴갈 때
다시 누군가를 사랑하기 위해
솜털 송송하고 앙증맞은 속옷을 걸쳤다
지난해 선명하게 메모했던 봄의 시를
가물거린 기억에서 꺼내어 또랑또랑
끝까지 암송해 가는 토종 우리 꽃 노루귀

만상이 아직 동면에 있어도
분주히 봄을 차려 꽃잎 위에 얹어 놓고
고고성으로 맨 먼저 봄을 웅변하는 꽃
천년 이어 봄을 필사하는 소중한 국보
어머니 같은 삶을 살며
우리 땅을 사랑하는 성초聖草 노루귀가 있다.

*노루귀꽃 : 한국이 원산지로 전국 각지에 분포한다.
잎보다 꽃이 먼저 피며 양지 나무 밑에서 자생한다.
키 10 센티 꽃말은 인내다.

시詩와 동행 하며

구름처럼 자유로운 영혼이
불현듯 어느 골목 어귀에서
속 깊은 의미의 언어에 눈을 뜨고
모국어의 향기를 공유하며
예견하지 않는 생의 각본 안에서
인생을 주우며 달려온 사연이 있다

시의 동산에 불을 지르고
열기는 활화산 같은 꽃불이 되고
나의 우둔한 감성을 일깨우기 시작 했다
갈대의 보랏빛 미소 쓸쓸히 흩날릴 즈음
영혼의 구석구석을 뒤져 문장을 빚고
드디어
가난하지만 따뜻한 집을 지으며 가는 것이
한 막 무대 위 시詩와 동행하는 행복이었다.

청춘 향기

젊음을 펑펑 소진하던 그때 우린
우리의 만남이 끝나고 쾌락의 길로 빠졌지
골목마다 노래방 간판들이 손짓하면
틀림없이 노래방 모니터 앞에서
목청껏 18번의 노래가 튀어나왔지

모니터엔 농익은 여인의 육체가
물뱀처럼 오색 불빛 속을 헤엄치고
유영한 물뱀 사이로 불룩했던 스트레스가
거품처럼 빠져나가던 지하 골방의 탈선
넘친 맥주잔으로 빈 가슴 채우고
온통 원색의 물감으로 젊음을 색칠하던
다시 못 올 우리들의 소중한 청춘 향기

내시경검사

혈관에 주사액 주입부터 거사는 시작된다.
혼몽해짐을 느끼는 순간
의식은 몽환의 구렁 속으로 빠져들고
죽지 않는 주검의 길을 빠져나오며
내장 구석구석을 뒤져 기록해 가는 일이다.

촉수 높은 렌즈의 눈은
분주히 장 내면의 구석을 뒤지고
밝혀진 의문의 흔적들을 컴퓨터 모니터에
또박또박 장문의 기록을 필사해 전송한다.

선홍색 내장의 터널을 돌아 나온 의사는
「위염이 조금 있고요, 용종은 없습니다」.
침묵의 언어가 압축된 결빙의 시간 그 후
긴장된 사막의 바람이 전신을 스치고 갔다
"해방" 오랜만의 단어를 가슴에 품는다.

샛강으로 갑시다 1

추적추적 대지를 적신 봄비
젖은 자리에 돋는 여린 생명의 숨결들
또 한 시절 하늘한 초록을 보겠네요

아름다운 생명을 키우는 날에도
세상은 어제처럼 스쳐 갈 것이고
생명은 열심히
기지개를 켜고 성숙의 길로 들겠지요

사랑할 수밖에 없는 봄
발정 난 개구리 사랑 노래 주우러
광란의 열애 중인 샛강으로 갑시다.

샛강으로 갑시다 2

꿈을 안고 맨발로 온 계절 앞에
눈을 감고 잠시 사색에 젖습니다.
병든 고목에도 잎이 피고
언 땅속 생명들도 다투어 수런거리고
새들도 힘차게 창공을 나르는데
선고유예인 인생의 가지에는
다시 한번 사랑할 수 있는 희망의 봄은
지금 어디쯤에 잠들어 있을까요

내일의 나를 알 수 없는 생
그래도 써가야 할 숙명 앞에
행여 인생 다시 필 기적을 찾아
가만히 귀를 열고 경청해 볼 일이다.

산중山中 희망가

- 자연인

그립고 보고픈 향수는 옹이로 굳어가고
험한 세상 홀로 서지 못해
심심산골 초막 고독을 삽질하는 사람은
옥양목 같은 순백의 생을 경작하는
무욕 무심의 강을 젓는 백치 아다다다.

풀뿌리 산나물로 연명하여도
마음만은 가장 행복한 부자라고
자부심 하나로 인생을 달래 세월을 간다.

자연 그 아름다운 고독을 즐기는 사람들
순수한 산 사람의 산중 희망가를 부르며
물처럼 구름처럼 살아가는 투명한 인간
누구나 영원을 꿈꾸는 유토피아에서
산 사람이 산중 희망가를 부르는
무아의 경지에 든 산신山神의 길을 간다.

두더쥐 삶

언제부터였을까
우리가 땅굴을 파고
그 땅굴 속에서 하루치의 생활을 찾고
그래서 일용할 양식을 모으고
사랑하는 사람을 만나기 위해
지하 저 깊은 레일을 살처럼 타던 것이

진흙 속 묻혀 살아도 희망은 있고
칠 년 업보를 찢고 돌아온 매미처럼
낡은 구원도 싸구려 애정도 꾹꾹 눌러 담아
허물 벗고 성숙한 내일을 열어 가는
인간 두더쥐의 삶이 오늘도 땅속을 달린다.

자유를 사유하기 위하여

낙엽 떠나보내고 십 년은 늙어버린 숲
숨소리마저 들리지 않는 정적 속으로
밤길 익숙한 그 새는 어느 언덕을 넘고 있을까

요즘의 내 모습을 가감 없이 새로 명명하고
하루에도 수많은 나의 새들을 날려 보낸다
새처럼 비상하는 영혼이 되기로 작정한 것이다
수전증으로 떨리는 손이 내게로 오고
중증의 건망증에 마비된 더듬이를 한탄하는 새
죽음마저 나의 죽음이 아닌 나와 무관한
깊은 산속 생명을 내려놓은 산짐승에게
허위허위 타성의 주검을 의뢰하는 것이다

나무는 떠나는 새를 위해 결별을 선언할 것이고
무엇이 더 나를 주눅 들게 할 것인가를
어둠의 공포 걷어 내줄 것인가를 생각하며
영원한 자유 끝없는 자유를 사유할 것이다.

지문

인생 빡세게 살다 보니 내 손바닥엔
언제인 듯 지문이 지워지고 없다
인감을 대신해 나를 증명할 소중한 표상
나만의 유일한 지문이 흔적을 감춘 것이다
가만히 지난날 반추하니
고향 뒷산 소말뚝에 조금 떼어 묶어놓고
또 한 꺼풀 베링해 칼바람에 찢겨 나가고
나머지는 공무원 월급봉투에 담아
다달이 오려 연명하다 보니
지문 사라진 줄 모르고 살았나 보다

세상에 와 선물처럼 받은 소중한 지문 자리엔
무정세월만 반질반질 미끄럼을 타고 간다.

제4부

그곳에 꽃이 있다기에

먹이를 찾아 끝없는 사막을 뒤지는 하이에나처럼,
행복을 찾아 우리는 오늘도 고난의 길을 멈추질 않는다.
저 산 너머에 저 망망한 바다 건너에 결코
그 무엇이 있다고 믿기 때문에 근성과 끈기를 투자하며
최선의 삶을 일구어 가는 것이다.

모종을 내며

젖 내 아직 종종한 어린 모종을 낸다
어리다는 것은 꿈과 희망이 있다는 것
큰 수확을 얻으려면 좋은 모종을 내고
사랑스런 눈길로 어루만져 준다면
보람이 열린다는 당연의 이치가 있다.

눈여겨 살핌의 조력 아니고선
바위산에 어찌 결 좋은 목재가 살겠는가
어린 모를 내며 부모님의 사랑을 생각하고
감사의 마음 더해 뿌리 속살을 토닥인다.

하늘 문 두드리는 은적사* 향불

갈라진 물결을 꿰매다 가슴이 젖은 어부의 아내는
해풍으로 부풀어 오른 천 근 삭신을 일으킨다
외줄로 버티며 살아가는 헐거운 살림살이,
오직 치성 하나에 파도를 넘실거렸다
되돌아갈 퇴로도 없는 먼바다를 끌고 왔던 일상
불심으로 마음을 헹구며
시주를 안고 은적사 계단을 절뚝거린다

태풍에도 지켜낸 천년 노거수 아래
만선으로 돌아올 뱃사람의 꿈이 출렁이고
솟구치고 소용돌이치던
가슴 떨린 시간 들과 간절한 치성의 마음들이
삶을 캐오던 바다로 가고
용왕당 불심을 애원하는 향내만 천상을 두드린다.

*은적사 : 여수시 돌산읍 군내리 소재 사찰이름.

바다와 소년

파도가 밀려왔다 비껴간 자리
조막손으로 젖은 모래 땀땀이 놓고
바닷물로 쾅쾅 못 질을 하며
멋지게 쌓아 올린 커다란 빌딩을 지었지
발가벗은 몸으로 손을 잡고 빙빙 돌며
원시인처럼 춤을 추던 옛날의 그 빌딩
꿈결처럼 아롱인 그 모래성 안의 빌딩들은
행여 심해 속 오성급 호텔로 서 있을까
함께 빌딩을 짓던 내 친구도
환상을 붙잡고 회억의 길을 걷고 있을까
옛날처럼 찰싹이는 파도는
아스라한 그날들을 지워내고 있는데
바다여, 어머니 같은 내 유년의 바다여.

사랑을 훔치는 도둑

밤딸기 붉게 익던 늦봄 어느 날
사랑을 강탈한 치와와 한 마리가 왔다
블랙 롱 패딩에 멋을 낸 그 친구
솟 다리에 눈 위 노랑 점 둘
도시의 밤이 내리고 외로움이 눈뜰 때
품속에 와 사랑을 훔치는 나의 도둑 빕디*

빨강 분홍으로 익어가는 정겨움의 무개와
응석 부리는 수준 높은 기교까지
천리 먼길에도 끼니를 염려하는
눈으로 말하고 가슴으로 듣는 절친한 벗이다

곁이 비어있음에 고독을 나누는
정겨운 대상이 어찌 인간뿐이겠는가
정은 소리 없이 마음에 물들고
한번 맺은 사랑은 떠나도 영원한 그리움이다.

*빕디 : 기르는 강아지의 이름

그리움의 노래

동백은 떨어져 땅 위에 구르고
황소 하늬바람 천년 수목을 흔들어도
그대 향한 마음 흔들릴 줄 모르네.

흐르던 구름이 머물다 가는 곳
이는 바람도 잠들다 가는 깡촌
내 임은 행주치마에 그리움 닦으며
돌담에 기대어 날 기다리고 있을까
무정한 봄도
넘실대는 꽃 향도
강둑에 들려오던 풀피리 소리도
회억의 풍경 속으로 오롯이 뛰어드는
아.
꿈처럼 아늑한 모정의 고향이여.

바람벽의 추억

한 철 붉게 피는 여수 오동도 동백 같은
그 뜨겁던 정열도 언제인 듯
바람처럼 떠나 갔다, 그리고 떠나간다
세월은 그렇게
우리의 시인, 소설가, 수필가를
하나 둘 대려가고
다시 볼 수 없는 아쉬움에 하냥 그립다

바람벽에 앉아
식은 커피에 뜨거운 문학을 타 마시던
스쳐버린 날들이
아프도록 그리워진 것은
추억 속 임들이 선연히 살아있기 때문이다

그들은 다 어딜 가고
한 숨 돌린 시선도 쓸쓸해지는데
활활 타던 문학의 열기도
그 불 속에 함께 타던 임들도
모두가 스쳐버린 한 줌 바람일 뿐인가.

용산역에서

용산역 대합실 에스컬레터에
하염없이 흘러가는 오 색 물살을 본다
동해 그리고 서해에서 아니면 남해에서
힘차게 흘러 한강 어느 모래톱에서 만나
저토록 아름다운 꽃 물결이 되었는가

힘찬 폭포 같은 저 푸른 물결이여
손과 손을 맞잡은 청춘의 향기여
대한의 살 깊고 땅 좋은 곳으로 흘러가
조국 강토 살찌우는 희망의 기둥이 되시라.

요양병원에서

긴 세월 터널 속을 걸어 나온
이승을 서성거린 인생 간이역
간병인 찢어진 눈빛을 보니
분명 무슨 일이 벌어진 게 분명하다
몇 번씩 정신 줄이 허술한 환자는
분명 손갈데가 많은 법
깊이마저 알 수 없는 팽팽한 긴장만 내린다.

작은 바람에도 파르르 떨고 있는
가여운 들꽃 인생
몇 남는 삶이 눈물로 시드는데

늙음은 어쩔 수 없는 생의 순리이기에
거기 그 자리가 잠시 후 당신의 자리란걸
몇 올 바람 스친 이후 그때야 알게 될 일
시드는 들꽃 마음 모아 정을 심고 가꾸소서.

길

세상이 끝없이 흔들린다.

이렇게 흔들리다 멈출 것 같은

하루도 바람 잘 날 없는 세상

흔들림에 온몸을 맡기며

오늘도 덜커덩 하루를 간다.

넘어질 듯 위태위태 걷는 사람아

넘어져도 기어이 일어나 걸어라

번민으로 휘청거린 그 길

그래도 네가 가는 길이 길이다.

쉬었다 가야지

허공에서 한 올 무지개를 잡아내어
장구한 세월 노래만 부르다
내 여기 어디쯤 왔는지 알 수가 없네.

뜰 앞 살지게 핀 맨드라미 곁 또는
알알이 영근 석류나무 아래서
허리 휘도록 주워 다발로 엮던 시어들
색색 오려 꾸미던 노시인의 등 굽은 시간을
향기 짙은 언어로 필사하며 걸어온 길
이제는 숨도 차고 다리도 아파
오던 길 여기 잠시 쉬었다 가야겠네.

화분 갈이

노을이 탈 무렵 그리움도 짙어지고
보람으로 하루를 키워가던 도시의 언덕
시간이 두고 간 갈증이 안개처럼 다가왔다.

높은 빌딩 아파트 숲 베란다에
묵묵히 견뎌온 인고의 시간
그 길은 정성의 외길이어도
꽤 높은 신분으로 보살폈나 보다

살아갈 자양분이 바닥을 치면
꼭꼭 새로운 분토로 흙 갈이를 하고
수 삼 년 꽃을 피워 내가 나를 뽐내며
절제된 시간 속 숙명인 양 묵묵히 견뎌온
절름거린 날들이 차라리 아름다운 길이였다.
올해도 분에 담긴 늙은 흙을 비우고
새 분토로 두둑이 채워준 은혜에
약속처럼 예쁜 꽃과 눈을 마주칠 것이다.

고독

어머니 탯줄을 끊기 전부터
탯줄처럼 달고 나온 질긴 나의 숙명
청춘을 나라에 바친
아들의 주검으로부터
더욱 견고하게 옥죄어 온 밧줄 같은 것

고독, 고독, 고독
시인 김현승의 시린 고독을
가슴으로 꼭꼭 씹고 있는 동안에도
더욱 부풀어 오른 고독이라는 이름
모양도 색깔도 냄새도
크기마저 가늠할 수 없는 무형의 이름
아! 소태처럼 쓰디쓴 경멸의 언어여.

그 시절 다시 살아서

학창 시절 동여맨 소중한 우정은
영영 잊지 못할 고귀한 관계의 유산이다
만나 삶을 둥글게 깎아내며
추억을 걸으며 풋풋한 청춘을 추억한다

걸쭉한 이야기 속에는
레테의 강을 건너갔던 친구가 돌아오고
메마른 가슴 적셔 줄 옛 그리움이 선하면
하얀 이야기가 살아나 쓸쓸한 미소를 피운다
사는 게 삭막하고 눈물겨워도
친숙의 매듭 하나로 삶을 엮어가는
모아도 반밖에 안 된 백발 동창생이 있다

고행의 길 위로 내려앉은 시간의 퇴적층
흥건한 학창 시절 매듭을 풀어 헤치고
살아온 날의 구석구석을 뒤지다가
그리움의 뒤안길로 썰물처럼 흘러가면
보일 듯 말 듯 작은 섬이 되어 살아간다.

몽상*夢想

몸이 투명하고 박쥐처럼 날개를 달았다면
뚱뚱한 몸이 사막여우처럼 홀쭉하다면
나는 날개를 퍼덕이며 하늘을 날것이고
러시아와 우크라이나 전쟁을 해방 시키고
먹을 물과 양식을 찾느라 슬피 우는
아프리카 아이에게 희망 한 다발 전해주며
김일성 광장 사열대 앞에 당당히 서서
인간 그렇게 사는 게 아니라고 외쳐보고 싶다

작금의 흉흉한 코로나를 막을 방법도
두 동강이 된 국토를 하나로 만드는 묘책도
지혜도 수단도 없어
절망의 늪으로 빠져버린 가난한 자의 몽상.

*몽상夢想 : 실천 가능성이 없는 헛된 생각

어떤 대화

햇살 고인 창문가 난 분을 놓는다
사랑하는 사람 곁에 두듯이
얼굴 쓰다듬고 눈길도 주며
가던 길 멈추고 나누는 정담이 넘친다.
곰삭은 그리움은 무엇으로 피어날까?
새 촉이 돋고 활기를 보였다
넉넉하게 물을 주며 다가가
귀엣말로
언제쯤 향내 안겨줄 거냐 물었다

"무척이나 성급하시군요?
기다림의 미학도 아름다운 거랍니다.
내 뱃속엔 임께서 기다리는 그 향기
어서 드리고 싶어 열심히 키우고 있거든요.
수태受胎 한지 얼마되지 않았어요.
봐요!
배가 아직 홀쭉하잖아요?"

떠나는 나의 신앙

청개구리 울음을 받아 적는 것도 아닌
목쉰 노래로 잿빛 어둠속을 달렸습니다.
변절되지 않으며 그렇다고 퇴색되지 않는
몇 겹 칙칙한 어둠을 빠져나오며
아직도 정리되지 않는 관념들은
별빛처럼 영롱함을 닮고 싶었습니다.

무던히도 서성거렸던 비포장 길
그 길의 높고 낮음을 세심히 살펴야 했고
절름발이로 다가오던 미완성의 완성을 꿰매며
비음鼻音을 조탁하여 명징한 노래가 될 때까지
은빛 비늘을 입혀오던 나의 사록이여

가슴은 울어도 눈물이 말라버린 용지에
소라게처럼 어스름에서 기어 나오던
살진 시심을 고이 보내기로 했습니다
옥죄어 오던 시의 신앙을 털기로 했으니
헐거운 옷 한 벌 걸친 것처럼 참 홀가분합니다.

향나무 노목

파란 미소는 천년을 출렁이는 바다
고고한 품위에서 안위와 화평을 읽는다
세월 휘적이며 정좌한 울타리 곁 초병
설한풍 휩쓸어도 그 모습 그 자리
마디마디 불구라도 다정인 듯 끌어안고
천년을 거뜬히 살아낼 자부심에 길을 연다

세월 강 건너온 암갈색 표피가 측은하고
성긴 뼈마디에 신음소리 애절하다
「산다는 게 그리 만만 한 일인가」
장서의 말씀 조곤조곤 적어 내리고 있다
터전이야 마냥 그 자리
가슴에 새긴 사연 구만리 장천이라
무서리 세상사 차분히 관조하며
온화한 성찰도 장수의 근본인가 보다

제5부

도동항 비린내

천국의 문에 들려면 몸이 홀가분해져야 하지 않겠는가?
일생을 살면서 수많은 과오過誤로
몸이 비대해 질대로 비대해졌으니
어찌 하루아침에 가벼워지길 바라겠냐만
그래도 마음의 거울을 꺼내어 자신을 닦고
성찰하며 용서하며 사랑하며 가벼워지는 연습을
게을리해서는 않될 일이다.

달력을 떼며

한 달의 마지막 날 달력을 뗀다
또 한 줄 생의 나이테를 긋고 나니
시간의 잔해들이 혼몽하게 사라지고 있다
누군가는 이별의 무게로 앓고
또 누군가는 실한 보람을 누리며 살고
가는 곳 닿을 곳도 모르고 써온 날들이
삶이 되고 인생이 되어 허공 속으로 눕는다.

끈 풀린 부표처럼 가버린 한 달
난 얼마나 보람되고 행복했으며
후회 없는 삶으로 채워졌는가를 생각한다.
달력을 찢으며
허무에서 일어서는 난 어디 쯤에 있는가.

도동항 비린내

세종실록지리지가 설파한 우리 땅 울릉도.
첫발 디뎌 안긴 마음 어머님 품처럼 정겨웠다.
비바람 기척에도 무시로 나부끼던 애잔함
깊이마저 알 수 없는 혈연의 정
오랫동안 찾지 못해 안길 면목이 없었다.

부두와 마을을 이어가는 비탈길의 용트림과 고행의 길 위로 절뚝이는 아픈 세월, 분화구 벗어나면 보이는 건 협곡일 뿐, 우풍한설雨風寒雪깨나 짓이겨 갔나 보다. 보리 한 톨, 조 한 알 거둘 수 없는 험지의 엄동嚴冬은 얼마나 길었을까. 절벽 아래 제비집 같은 방 몇 칸 걸어두고 객이 머문 몫으로 연명해 가는 섬. 모진 목숨 끌고 온 흔적이 애절하게 다가왔다.

칼바람에 무언가를 찾아 헤매던 젊은 날처럼,
눈자위를 적신 낯선 언어들이 가슴을 파고들어
고도孤島의 밤은 이방의 등 굽은 시간을 삼키고
가두봉 등대 끝 파도 소리 만선으로 펴 신고는
여객선은 비린내 짙은 도동항과 손을 놓는다.
이별은 시간을 밧줄 감듯 쟁이었다가

모든 걸 빼앗아 간 먼 훗날에
한 움큼 추억만 남겨줄 사흘의 여정을 접는다.

백암산* 기행 1

가을 색 완연한 비무장지대는
동토의 땅 그대로 죽은 듯 고요한데
동강 난 흔적일랑 찾을 길 없고
한 나라 한 몸임을 예서 다시 느껴 본다

북녘에서 내린 산자락도 남녘으로 흐르고
강물도 연인의 품처럼 서로의 살갗을 적신다
흐르는 구름은 이산 저산에 걸려 있고
산과 들은 등을 내어주며 얼싸안고 있는데
닮은 듯 서로 다른 무심한 산천이여
팔 벌려 누운 능선에 가을빛이 완연하다.

* 백암산 : (흰바우산)은 강원도 화천군과 철원군에 위치한 중동부 최고의 산(해발 1,179m)으로 한북정맥상에 위치하고 있으며 유명 가곡인 비목의 지리적 배경지인 산이다.

백암산 기행 2

살얼음 밟듯 비무장지대를 타고 오른다
불을 뿜던 포성이 기억 속에 잠든 사이
포신에 장전된 포탄의 눈동자는 지금도 살아
방아쇠 잡는 사수는 동족의 목을 겨냥한 채
부동의 자세로 진지를 사수 중이다

붉은 손아귀에 잡혀있는 마네킹 같은 산천은
전선의 밤처럼 날 선 긴장의 냉기가 가득하다
침묵의 산야는 가을 색이 완연한데
원근 봉우리엔 사이비 휴전을 걸어두고 있다
눈감으면 보일 듯 통일의 꽃망울은 토실한데
그 망울 피워낼 봄바람은 어느 골에 잠드는가.

물안개

어릴 적 소중했던 친구라는 이름을
보물처럼 키우며 살았던 나
더불어 쌓인 선명한 흔적들 펼치면
갈피마다 웃음과 그리움이 가득하다

친구라는 소중한 그 이름이
언제부턴가 알맹이 없는 쭉정이가 되고
물안개처럼 몽실몽실 하늘로 떠나갔다.

아, 자취 없는 물안개여 허무여
소중한 회억마저 앗아간 무정이여
언젠가는
무상을 노래한 벗을 여윈 시인도
몽실몽실 오르는 물안개 되어
한낱 허공에 묻힐 허무가 될 것이다.

삶이란

삶이란
눈비에 젖고 천둥에 두들겨 맞기도 하고
호수에 뜬 달 같고 햇살 좋은 봄 길 같은 것
시간의 모퉁이에 길을 잃고 허둥거려도
방향 모를 칠흑 같은 미로일 뿐
때론 육중한 암벽 앞에 서성이기도 한다

여분의 날들을 살아내기 위해
영혼의 구석구석을 뒤져 인내를 주워 모아도
내딛는 발길은 언제나 무거울 뿐
주검마저 내 것이 아닌 타인의 것이라고
절실하게 성찰하던 뼈 시린 날도 있다
이는 바람에 훨훨 날려 보내야 했던 그날들
설한풍에 대롱거린 마지막 잎새처럼
끝내 살아내야 하는 피할 수 없는 숙명이다.

자연이 스승이다

푸른 파도 넘실대는 저 바다로 가리
한없이 넓고 깊은 어머니 앙가슴 같은
온 밤을 숨죽여 울어 울어도 내색 없는
옥빛 물결 출렁이는 드넓은 바다로 가리

끝없는 자애와 화합과 침묵과 유연함으로
천지에 으뜸임을 결코 포기할 줄 모르는
바다와 강과 산을 내 육신처럼 숭배하며
경건히 경청하고 기필코 수행하며
마지막 부르짖는 소중한 저 소리를
새겨 실천하며 아끼며 사랑해야 함이라.

두 포구의 비밀

여수 동쪽 해변에는
산 하나 사이에 두고
만흥과 오천항이 밀려온 파도를 재우며 산다

오늘도 쉬지 않고 물길을 뒤져
만흥항 파도는 검은 약 모래만 추려 날으고
오천항은 떠도는 하얀 모래알만 가져와
쉬엄 없이 모사금 포구에 쌓고 있다

평생 신경통으로 시달린 늙은 어매는
만흥항 검은 모래에 신경통 풀고 서울로 가고
오천동 모사금 하얀 모래톱에서
실없는 이별에 절름거린 영혼들이
백지처럼 상처를 지우고는 대처로 떠나간다

흑백 모래가 쌓이는 여수의 두 항구
그 속내 알 수 없는 신비의 포구가 있다.

비망록

엄동의 바람 속에서도 바른길을 걸었다.
올곧게 걸어도 아픈 매듭 하나 없겠는가
헤아리고 싶지 않은 꿈같은 날들 보내고
허공에 시선을 던진 장승처럼 여기 서 있다

군에 간 둘째 아들
화염병에 타고 쇠 파이프에 짓이겨져
식물인간으로 헤매던 원한의 투병 17년 5월
눈물과 초조로 넘어온 인고의 아픈 그 세월
꺼질 듯 다시 뛰는 심박 소리에 몸서리치며
밤과 낮 없이 한으로 넘던 시간들
차라리 함께 가리라 창밖을 서성이던 밤들
나의 비망록 속엔 아직도
석비의 글씨처럼 선명한 아픔으로 새겨져 있다

유골 항아리를 안고 하늘을 원망하며
현충원에 묻고 돌아서던 한 서린 그날
회한의 눈물로
나의 비망록 장마다 촉촉이 젖어 갔다
다시 가라 하면 갈 수 없는 이별의 부두

이제는 나의 석양이 내려 아슬해진 길을
아픈 회억回憶 안고 회한의 길을 걷고 있다.

함성

더위가 질펀한 한여름
귓전을 밟고 간 매미울음이 수상하다

처서가 눈앞인데
헉헉거린 여름은 심봉사 걸음이고

한 철 성업 중인 매미들이
아침부터 불더위 사가라고
골목마다 떼로 와 함성들이다.

보낼 수 없어

- 하늘로 간 아들을 생각하며

내 가슴엔
피우지 못하고 멈춰버린 꽃 하나 키웁니다.

노을이 놀다간 자리 어둠이 쌓여가고
대지를 찢고 아침은 그 빛을 적셔도
피지 못하고 별이 된 영혼은
절망의 늪에서 두꺼운 침묵으로 버려두고
나는 지금 어느 길을 가는지도 모릅니다.

애달픈 가슴을 꽃이야 모르겠냐만
피지 못한 서러움을 내 어찌 모르겠냐만
죽어도 못 잊을 해맑은 웃음 만나기 전엔
결코 아니 결코 은하 강가에 가물거린
처량한 별 꽃 하나 놓아버릴 수 없습니다.

석별 그 후

그가 떠나던 날
가을은 산사 뜰에 질펀하게 내리고
스물하나의 전투복 사내는
깊은 가을 속으로 사라지고 말았습니다
잠시 만났던 그 인연
잠시 머물다간 이승의 삶이 이토록
진한 여운을 붙잡고 그리워만 합니다

그가 떠나고 나의 통곡이 멎을 즈음
그리움이라는 돌 하나 가슴에 얹고 살며
아, 그 그리움의 조각들 갈가리 찢어
꽃이 피면 꽃잎 사이에 끼워 넣고
풀잎이 피면 풀잎 사이에 끼워 넣습니다
꽃이 웃으면 내 아이도 함께 웃고
풀잎과 함께 춤추는 모습을 유추하며
환상의 세계에서 살아가고 있습니다
내 삶이 다 하는 날
그 사내 꼭꼭 한번 만나보고 싶습니다.

현충원에 핀 꽃

유월이 오면
정이 그리워 찾아온 현충원
유월 햇빛 쏟아지는 묘역에 와
떨리는 손으로 피 같은 술잔을 따른다.

나라 위해 던진 목숨이
모든 이의 가슴에
나라 사랑의 말씀 전하는 꽃이 되라고

서럽게 핀 송이마다 그리움도 피어나고
애달픈 눈물이 꽃잎을 적시는데
내 아들 인원 군의 영혼도
무념으로 서 있는 석비 곁에 뿌리내려
그리움의 손을 흔들며 곱게도 피어 있다.

삶의 흔적

내가 살 수 있는 날이 얼마나 될까
사는 동안
걱정 근심 없이 사는 날은 또 얼마나 될까
이 풍진세상을 오고 싶어 왔겠냐만
세상을 볼 수 있는 눈이 떴을 때
보이는 건 암회색 꿈을 사르는 노동의 땅
끝 모를 험로뿐이었습니다.

모두가 온통 두려운 눈으로
절망의 굴레 속에서 발버둥 칠 때
나도 나를 버려두고
굳은 신념 하나로 희망의 끈을 잡으려
욕망의 늪 속을 허우적거렸습니다

절벽 끝에서 생존의 밧줄이 끊겼을 때
기도처럼 냉엄한 가슴으로 길을 찾았고
드디어
아픔도 괴로움도 길이 되어 주었습니다.

바람처럼 가버린 아픈 날을 생각하고

조금은 안위의 땅 햇살 좋은 양지 녘에
발자국 같은 삶의 흔적을 필사하고 갑니다.

유성별에 쓴 그리움의 노래

청대 같은 젊음을 헌신하고
여기 유성벌 허망한 묘비로 서서
아들은 영원히 애국의 깃발을 들었다

꽃잎 지듯 사이어간 아들의 환영을 보듬고
소슬바람 쓸고 간 석비 앞에서
부질없는 재회의 날만 기약할 뿐이다

보고 싶어 아픔으로 가득한 가슴으로
아롱이는 환영만 쓰다듬다가
머나먼 레테의 강을 바라보며
비틀비틀 죽도록 사랑한다는 시를 쓴다

조국에 젊음을 던진 장한 용사여
한 줌 흙으로 산화해 간 숭고한 넋이여
아! 부디
온 계레의 가슴에 지지 않는 별이 되소서

내 살다 가거든

지나고 보니 찰나 같은 시간이었소
어느 날 문득 내 가고 없거든
새가 길을 놓듯 길 없는 길을 따라
부단히도 헤매다가
바람과 함께 떠났노라 전해주오

찍고 왔던 희미한 발자국과
통한의 눈물을 훔치던 서러운 날과
만족보다 부족한 아쉬움에 허기져야 했고
꽃길보다 가시밭길을 헤쳐야 했던
누더기 같은 삶을 수놓으며
고독만 씹다가 떠났노라 전해주오

여력을 다해 필사하던
태산 같은 문학이란 명제에 묻혀 살다
각혈하듯 엮은 몇 권의 시집
세상에 고이 두고 떠났노라 전해 주오
다시 가라 하면 갈 수 없는 먼먼 그 길
차마 뒤돌아볼 수 없는 뼈저린 그 길에
눈물 한 방울 떨구며 떠났노라 전해주오.

부질없다 인생아

냉철하게 선회하는 윤회의 철칙에
바퀴처럼 절름거린 세월이 흐릅니다.
목말라 발버둥 치던 검은 상처의 흔적
뱉지도 헤어나지도 못한 채
악착같이 살아온 길이
실핏줄처럼 뻗어 있습니다.

영원히 변치 않을 것 같던
꽃 같은 젊음도 앗아가고
푸른 꿈을 먹던 한 소년의 얼굴이
주름 성성한 노인으로 늙고
검은 머리 언제인 듯 백발로 변하니
이 무상함을 무엇으로 비하겠는가
서산에 지는 해 산마루에 걸려 있는
생의 끝자락에서 사색의 잔을 마십니다.

에필로그

향내 가득 담고 나서

혹독한 겨울을 지나며 몸속에 선명한 나이테 하나씩 그어 남기는 나무들처럼 무서리 내리던 고행의 시절을 바람 같이 휘돌아 오고 보니 언제인 듯 내 나이 산수傘壽에 들고, 늦으막히 졸작 시편들을 그렁그렁 거두어 선명한 흔적 하나 두는 일 역시 만만치 않다는 것도 몸소 체득해 봅니다.

물안개처럼 피어오르다 스러져 간 미완의 노래를 붙잡고 어둠 속에서 밝음을 지향하는 꿈을 필사해 보기도 하고, 아름다운 날개로 퍼덕이던 상념들이 더러는 포말로 부풀어 오르다 스러져 간 안타까움도 있었습니다. 그러나 흐려지는 의식을 깨워 남은 시혼을 모으고 나름대로 심혈을 다 해 열심히 구성해 보았습니다.

눈송이처럼 쌓이던 소중한 시들의 영혼과 갈무리하다 여백으로 둔 허약한 시어들, 도도한 듯 흐르다 절제된 곡선을 다듬어 분홍, 보라, 노랑, 빨강 그리고 온갖 색깔로 뿌리 끝에 힘을 준 악착을 다하다 보니 어느새 줄기마다 힘 있는 봉우리가 보였고 봉우리를 엮어 한 다발의 꽃이 되어 골똘한 숙고도 없이 덥석 안겨 드리게 됨을 용서하십시오.

그렇게 망울져 피는 것도 꽃이거늘 작가가 역량껏 채워놓은 향기의 순도에 대하여 물음표 같은 빈 여백을 둔 채 그만 보내기로 했습니다.

이 밤도 툇마루를 데우던 한 됫박 소복한 별들의 온기에 인생을 관조하며 멀리 또는 가까이에서 반짝이는 독자 여러분의 안부를 묻고 덧없이 스치는 세월에 기어이 단단한 생의 탑을 지어가시길 간절히 바라며 기도하는 마음으로 펜을 놓습니다.